Adivina quién
silba

Sharon Gordon

New York

Mira por donde caminas.

Estoy en la hierba.

Me hago al sol para calentarme.

Me hago a la sombra para refrescarme.

Mi cuerpo es largo y delgado.

Está cubierto de *escamas*.

Cuando crezco, mi piel se vuelve tirante.

Mudo de piel.

Me froto contra una roca para deshacerme de la piel vieja.

No tengo patas, pero soy fuerte.

Me arrastro por el suelo.

Me escondo cuando
tengo miedo.

A veces silbo. A veces
me quedo quieta.

Percibo los sabores y los olores con la lengua.

Es larga y rápida y la punta está partida en dos.

Mis mandíbulas son muy flexibles.

Puedo comerme animales grandes.

Tengo ojos, pero no puedo ver bien.

No tengo oídos.

No puedo oír cuando las cosas se mueven.

Pero las puedo percibir.

Pongo huevos de cáscara blanda.

Mis crías tienen *un diente de huevo*.

Los ayuda a salir del huevo.

Me gusta estar sola.

¡Aléjate!

¿Quién soy?

¡Soy una serpiente!

¿Quién soy?

escamas

huevo

lengua

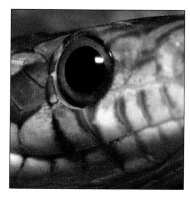

ojo

piel

Vocabulario avanzado

diente de huevo Diente afilado en la nariz de una serpiente con el cual rompe el cascarón para salir del huevo.

escamas Los trozos de piel delgados y planos que cubren el cuerpo de una serpiente.

mudar de piel Deshacerse de la piel.

29

Índice

Las páginas indicadas con números en **negrita** tienen ilustraciones.

Sobre la autora

Sharon Gordon ha escrito muchos libros para niños y ha trabajado como editora. Sharon y su esposo Bruce tienen tres niños, Douglas, Katie y Laura, y también tienen una perrita consentida llamada Samantha. Viven en Midland Park, New Jersey.

With thanks to Nanci Vargus, Ed.D. and
Beth Walker Gambro, reading consultants

Marshall Cavendish Benchmark
99 White Plains Road
Tarrytown, New York 10591-9001
www.marshallcavendish.us

Library of Congress Cataloging-in-Publication Data

Gordon, Sharon.
[Guess who hisses. Spanish]
Adivina quién silba / por Sharon Gordon.
p. cm. – (Bookworms. Adivina quién)
Includes index.
ISBN-13: 978-0-7614-2866-4
ISBN-10: 0-7614-1767-2 (English ed.)
1. Snakes–Juvenile literature.
I. Title. II. Series: Gordon, Sharon. Bookworms. Guess who?
QL666.O6G614918 2007b
597.96–dc22
2007024769

Spanish Translation and Text Composition by
Victory Productions, Inc.

Photo Research by Anne Burns Images

Cover Photo by *Peter Arnold*/John R. MacGregor

The photographs in this book are used with permission and through the courtesy of:
Animals Animals: pp. 1, 9, 29 (left) Carmela Leszczynski; p. 5 Doug Wechsler;
pp. 11, 25 Fred Whitehead; p. 13 E. R. Degginger; pp. 15, 29 (right) Robert Lubeck;
p. 27 Breck P. Kent. *David Liebman*: pp. 3, 7, 28 (bottom).
Peter Arnold: pp. 17, 19, 23, 28 (top l. & r.) James Gerholdt; p. 21 John R. MacGregor.

Series design by Becky Terhune

Printed in Malaysia
1 3 5 6 4 2